喜び・讃美・感謝の威力 第三巻

次元上昇し今
光と化している地球

あなたも
新世界の
地球人？

知抄 著

〈1〉

1992年10月10日・境内に入る知抄
大分県宇佐市・宇佐神宮 奥院 大元神社にて撮影

〈2〉

〈3〉

気で悟る〈気功瞑想法〉奉納表演

〈4〉

1992 年 10 月 10 日・宇佐神宮 奥院にて

〈5〉

智超法秘伝 第１巻〈気功瞑想法〉参照

〈6〉

智超法秘伝〈天目開眼功法〉

〈7〉

イギリス・ロイヤルコンサートホールでは
黄金と白銀の光に知抄がなる

〈8〉

アメリカ・フランス・本邦初表演では
知抄が白銀と黄金の光になる

〈9〉

智超法秘伝〈智超法気功〉表演

〈10〉

〈高級内丹静功法《こうきゅうないたんせいこうほう》〉の最奥儀《さいおうぎ》

〈11〉

☆光の源《みなもと》の
地球を救う大計画を
知り得た者
これより
何も持たず
光だけ見て
永遠《とわ》なる
光の源《みなもと》目指し
飛び立つ
が良い☆

〈12〉

参拝する知抄と　知抄の光

1996年10月10日　宇佐神宮 奥院にて

☆今《こん》和《わ》の新世界☆

この一瞬の今を

過去も未来も

この今に在《あ》りて和する

真の自由と　真の平等と

真の平和を

具現化する新世界が

大きく　大きく

地球全土へと

喜び　讃美　感謝の

芽《め》となって　羽ばたく

二〇一九年　五月一日

知抄　受託